Erhard Kaupp
Hilflos – Ratlos – Ziellos
Corona mit Nebenwirkungen

AF198339

Gewidmet all den Menschen, die mich so akzeptieren, wie ich bin, und mein Dasein lebenswert machen.

Erhard Kaupp

Hilflos Ratlos Ziellos

Corona mit Nebenwirkungen

www.tredition.de

Text, Fotos, Zeichnungen: © 2020 Erhard Kaupp
Satz: Erik Kinting – www.buchlektorat.net

Verlag und Druck:
tredition GmbH
Halenreie 40-44
22359 Hamburg

ISBN 978-3-347-06793-6 (Paperback)
ISBN 978-3-347-06794-3 (Hardcover)
ISBN 978-3-347-06795-0 (e-Book)

Bibliografische Information der Deutschen Nationalbibliothek:
Die Deutsche Nationalbibliothek verzeichnet diese Publikation in der Deutschen Nationalbibliografie; detaillierte bibliografische Daten sind im Internet über http://dnb.d-nb.de abrufbar.

Inhalt:

Vorwort: 7

Es liegt was in der Luft...11

Die Nacht des *Großen Bruders*............................17

Hinaus in die Welt schreie ich um Hilfe 23

Bin ich gesund oder habe ich krank zu sein?........29

Seltsame Begegnungen...35

Alles nur ein Traum?...43

Das Wochenende naht...47

Hilfe scheint in Sicht...51

Bedrohliche Hilfe..55

Heute so, morgen so!...59

Endzeitstimmung 65

Frei sein 69

Der Mai ist gekommen 73

Neu im Angebot: Aerosole......................................79

Vorwort:

Corona – erleben oder überleben?

*Bin ich schon gesund,
oder habe ich noch krank zu sein?*

*Ein Virus fährt Karussell.
Schizophrenie auf Verordnung?*

*Corona, ein Virus dirigiert sein Weltorchester.
Bühne frei für die größte Show aller Zeiten.*

*Corona sei Dank, macht die Gesellschaft mich
krank.*

Dies ist ein kleines Buch mit vielen Untertiteln, dessen eigentliche Herausgeber nicht von dieser Welt sind. Wie von Geisterhand geführt, bewegte sich meine Hand übers Papier und ließ ein Tagebuch entstehen über eine grausam unwirkliche Zeit, deren dunkler Macht ich mich widerstandslos ausgeliefert sah.

In den folgenden Zeilen geht es um die Kraft der Medien, wie sie ihre düsteren Schatten über dem Menschen ausbreiten und in unserer Seelenlandschaft eine Schneise der Verwüstung hinterlassen. Dieses Buch taugt weder zum Ratgeber noch ist es ein Fachbuch. Ganz sicher bin ich mir allerdings, dass ich in dieser konfusen Zeit nicht der einzige Mensch bin, der sich so machtlos und beschissen fühlte. – Ich entschuldige mich in aller Form für diesen Ausdruck, eine treffendere Bezeichnung fällt mir allerdings dazu nicht ein.

Stellen Sie sich nun vor, wir sitzen uns in lockerer Runde zum Five o'clock Tea gegenüber und ich erzähle Ihnen meine Geschichte …

Um die Frage *Was soll das Ganze?* vorwegzunehmen, habe ich folgende Erklärung:

Es gibt Dinge, die man nicht über die Lippen bekommt, weil einem eine unsichtbare Macht den Hals zuschnürt, zusätzlich erschwert dadurch, dass der – Corona sei Dank – gegenübersitzende Psychologe sich ebenfalls hinter einer Gesichtspappe verschanzt hat.

Deshalb habe ich mich entschlossen, diesen außergewöhnlichen Weg zu wählen, denn es mir von der Seele zu schreiben, ist meine Art von Therapie.

Ich sah mich angsterfüllt an einem Abgrund, im Bombenhagel medialer Gewalt, machtlos in den Fängen von Corona.

Die Masse an Nachrichten, die uns überfallmäßig im Minutentakt um die Ohren gehauen wurden, schienen für einen neugierigen Menschen wie mich anfangs hochinteressant. Meine Versuche, die Menge an Neuigkeiten zu hinterfragen, um sie auf die Reihe zu bekommen, scheiterten allerdings kläglich. Meine Fragen blieben unbeantwortet, mein Kopfkarussell begann sich wild zu drehen.

Kann mir bitte jemand sagen, was hier geschieht? Wo soll diese Reise hingehen und wo wird sie enden?

Da mir auf diese Frage niemand antworten konnte, sah ich als mögliche Lösungen nur den freien Fall in den Abgrund oder einen Angriff nach vorne. Das Erstere schien mir, der ich von mir selbst behaupte, ein klar denkender Mensch zu sein, die falsche Richtung. Ich nahm die Herausforderung an und wählte die zweite Variante.

In meinem Innersten brennt es lichterloh, meine Seele scheint sich selbst aufzufressen. Der einzige Weg, den ich sehe, ist es, dorthin hinauszuschreien, wo es vielleicht gehört wird!, so schrieb ich in mein Tagebuch.

Ich bin sicher, dass ich mit dem, was diese *Corona-Krise* in mir auslöste, nicht der Einzige bin. Noch immer etwas *durch den Wind geschossen* bin ich nach paar Wochen Auszeit endlich wieder in der Lage, halbwegs klare Gedanken zu fassen.

Mit den Auszügen aus meinem Tagebuch bin ich bereit, fremde Menschen tief in meine innerste Gefühlslage blicken zu lassen. Gleichzeitig weise ich darauf hin, dass es nur in Worte gefasste Gedanken sind, mit denen ich niemanden anklagen, verletzen, oder gar persönlich angreifen möchte.

Es liegt was in der Luft

Kaum war der Januar vorbei, stand die fünfte Jahreszeit vor der Tür. Das neue Jahr schien vielversprechend zu werden, der Frühling steckte in den Startlöchern, die Tage wurden merklich länger. Der einzige Wermutstropfen, der mich drückte, waren die Blütenpollen. Sie hingen bereits massenweise im Geäst von Büschen und Bäumen, startklar zum Angriff auf Körper und Psyche der Allergiker.

Seit meiner Kindheit begleitet mich diese *Volksseuche* und macht mir Jahr für Jahr das Leben tagelang zur Hölle; immer intensiver, je älter ich werde. Aus diesem Grunde bereitete ich mich vor: Letztes Jahr hatte ich mit frei verkäuflichen Tabletten aus der Apotheke gute Erfahrungen gemacht, davon abgesehen wurden sie vom Hausarzt verordnet, was sollte also in diesem Jahr dagegensprechen?

Als kein Freund von chemischen Produkten versuchte ich, die Einnahme hinauszuzögern, zumindest so lange, wie es zu ertragen war – bis zum Sonntagnachmittag bei Kaffee und Kuchen. Der von zwei uralten Birken gesäumte farbenfroh gedeckte Tisch stand im Garten dekorativ unterm Haselnussstrauch. Allergiker rollen vermutlich jetzt schon mit den Augen, weil sie wissen, was kommt. Bis dahin war ich jedoch verschont geblieben, deshalb realisierte ich nicht sofort, dass dies ein denkbar ungünstiger Ort für mich war. – Die Pollen starteten ihren erbarmungslosen Angriff. Im wahrsten Sinne des Wortes heulte ich nach Kurzem Rotz und Wasser.

Das Einzige, was mir in solchen Momenten hilft, ist der kürzeste Weg unter die Dusche, dann ab ins Bett; Rollos runter, die Decke über den Kopf. Am darauffolgenden Tag führt mein erster Weg dann in die Apotheke.

Nun gesellte sich zu dieser alljährlich wiederkehrenden Seuche etwas völlig Neuartiges: Corona, weltweit in aller Munde. Ein Ende scheint auch jetzt noch lange nicht in Sicht zu sein. Wer hätte das gedacht? Erst berichteten die Medien über die neue Abart eines altbekannten Virus, dann über eine Epidemie, die nur Tage später zur Pandemie korrigiert wurde. Die *Nachrichtenkeule*, die über unseren Köpfen geschwungen wurde, kannte kaum noch anderen Nachrichten. Ein Bombardement an *Bad News* hagelte sintflutartig auf uns nieder.

Wie wohl unsere Kinder und sensible Menschen darauf reagieren werden, fragte ich mich. Meine Neugier war geweckt. Offen für alles versuchte ich, mir einen Reim darauf zu machen.

Es war nicht von langer Dauer. Mein Interesse verwandelte sich im Laufe der Tage langsam und unaufhaltsam in einen undefinierbaren Zustand, dem zu entfliehen ich mich außerstande sah. Mein Bauchgefühl sagte mir, dass etwas undefinierbares *Großes* in der Luft lag. Täglich schaltete ich pünktlich zur *Tagesschau* das TV-Gerät ein. – Keine Ahnung, was einen da magisch anzieht, die offiziell bestätigte Einschaltquote sagt aber alles. – Jeder Seifenopernproduzent wäre froh über eine derartig rasante Steigerung der Quoten.

Bei den täglich neu produzierten Bildern blieben die Nebenwirkungen nicht aus. Beängstigend schnell steigende Fallzahlen von Infizierten und Toten, widersprüchliche Meldungen von Wissenschaftlern und Politikern, Szenen aus Krankenhäusern mit vermummten Ärzten und an Maschinen angehängten Menschen verfehlten auch bei mir nicht ihre Wirkung. Warum nur sah ich mir das an? War es Sensationsgeilheit, Neugier oder die Notwendigkeit, in einer Krisenzeit stets auf dem aktuellen Stand informiert zu bleiben? Irgendwie kam ich mir selbst fremd vor und hätte besser nicht hingesehen. Stattdessen ließ ich mich von den Öffentlich-Rechtlichen gefangen nehmen.

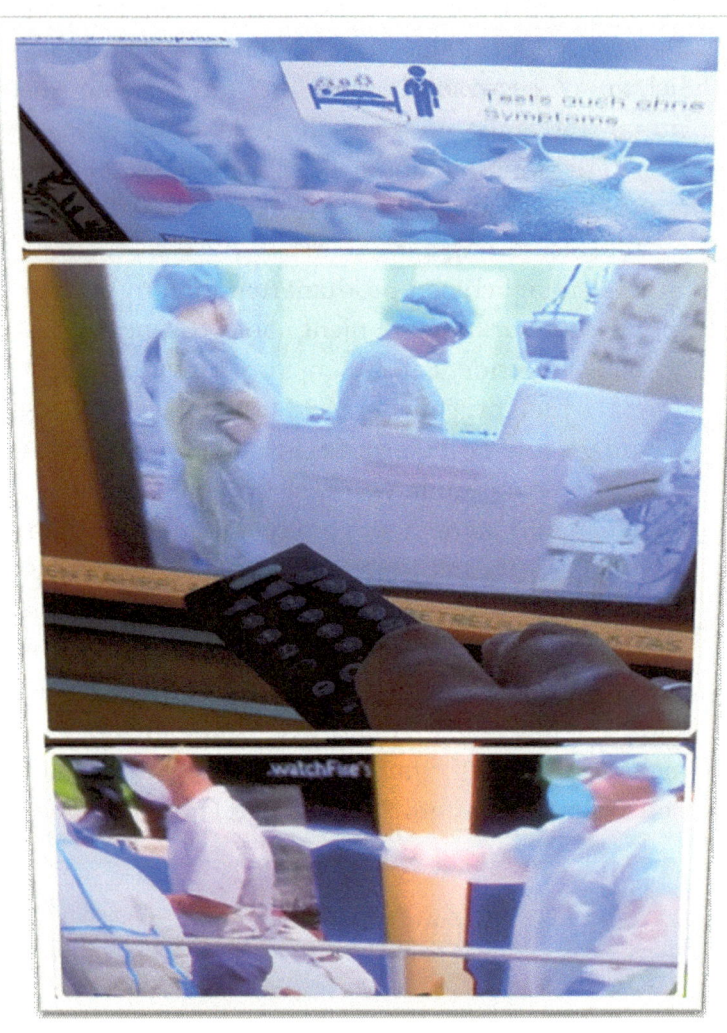

Meine nächtlichen Schlafperioden wurden kürzer, die Nachrichten fanden im Unterbewusstsein eine Fortsetzung. Wer schlecht schläft, bekommt spätestens am Folgetag die Quittung: Unaufmerksamkeit, Konzentrationsmangel und Müdigkeit.

In meinen Gedanken lieferten sich Zahlen von Infizierten und toten Menschen eine Schlacht mit Zukunftsängsten und Erinnerungen an eine ehemals heile Welt. Es war inzwischen für mich nicht mehr nachvollziehbar, welches Genre Film im Moment ablief: Science-Fiction, Horrorfilm, Psychothriller, Drama ... oder gar alles gleichzeitig? Der Vollständigkeit halber möchte ich noch Comedy und Theater erwähnen.

Too much input!

Wer macht sich in solchen Zeiten keine Gedanken?

Die Nacht des *Großen Bruders*

Eine nicht enden wollende schlaflose Nacht lag wieder einmal hinter mir. Wie jeden Tag zogen meine Frau und ich am Vorabend eine Art *Bilanz des Tages* und tauschten uns aus. Meiner Meinung nach ist das generell das Wichtigste, um eine harmonische Partnerschaft aufrechtzuerhalten, doch das erfordert beiderseits eine gewisse mentale Stabilität.

Für mich als Mann ist es von Bedeutung, für meinen Partner da zu sein, die starke Schulter zu bieten, auf die man sich stützen und verlassen kann. Da jeder von uns genau solch einen Menschen braucht, schätze ich mich glücklich, so eine Frau zu haben. Wie oft flüstern wir uns vor dem Einschlafen ins Ohr: »Komm, wir reparieren uns gegenseitig.« Schönere Worte zu finden, um einen Tag zu beschließen, kann ich mir nicht vorstellen!

So erzählte meine Frau am Vortag von einem Vorfall mit einem Patienten auf ihrer Station, der sie gefühlsmäßig überaus berührte und Spuren hinterließ, die man nicht so einfach ausblenden kann; so sehr man sich das auch wünschen mag. Das von ihr Erlebte sollte mich noch eine Weile beschäftigen. Mir war klar, dass es sich um ein Einzelschicksal handelte, das mich im Grunde überhaupt nichts anging, trotzdem hatte es sich beim Einschlafen in meinem Unterbewusstsein eingenistet.

Das hatte zur Folge, dass mich ein Albtraum schweißgebadet aufwachen ließ, und letztendlich bekam ich kein Auge mehr zu. Wirre Gedanken jagten durch meinen Kopf. Die Erzählung meiner Frau vermischte sich mit der im Fernsehen ausgestrahlten medialen Gehirnwäsche. Hätte ich doch besser *Bauer sucht Frau* oder eine belanglose Spielshow auf einem der unzähligen privaten Sender angesehen, das wäre in meinem Fall sicherlich die intelligentere Lösung gewesen. Aber nein, ich musste mir nicht nur die Nachrichten, sondern zusätzlich noch die darauffolgende Sondersendung reinziehen, immer aktuell informiert sein, um *am Ball zu bleiben.*

Selten hatte ich einen vorangegangenen Traum so deutlich vor Augen wie in dieser Nacht. Immer wieder tauchte ein *Großer Bruder* auf. Ich machte Regierungsleute aus, die gesichtslos in Schutzkleidung steckten, wie sie in der Krankenpflege Verwendung finden, Menschen in überfüllten Krankenhausbetten an Schläuche gekettet und noch viel mehr, an das ich mich nicht mehr ausreichend erinnern kann.

Mein Unterbewusstsein hatte volle Arbeit geleistet und mich mit voller Kraft in die Ecke gedrängt. Was hängen blieb, waren ein paar immer wiederkehrende Schlagworte, allen voran der *Große Bru-*

der. Ich begann, dem unbekannten *Großen Bruder* Fragen zu stellen:

Großer Bruder,
was hast du nur gemacht,
hatten wir nicht bis gestern
gemeinsam noch gelacht?
Verschwommen sieht mein Auge,
was vorher sternenklar,
wird die Welt jemals wieder so,
wie sie einmal war?

Aus zuerst noch ungereimten Wortfragmenten bildete sich nach und nach eine Geschichte. Letztendlich blieb mir nichts anderes übrig, als aufzustehen. War es vor drei Uhr morgens oder schon später? Ich sah nicht auf die Uhr. Wie besessen drehte sich der *Große Bruder* in einem Karussell über meinem Kopf und ich fragte weiter:

Großer Bruder,
schaust du von oben zu?
Wichtig scheint nur,
du hast deine Ruh.
Es scheint mir nicht mehr lange
und dein Volk spielt wieder Krieg
einst heile Welt,
sie dann in Schutt und Asche liegt.

Vor meinem Auge tauchten Bilder von Kriegen auf, von zerbombten Städten, schreienden Menschen und weinenden Kindern. Seltsamerweise sah ich keine Menschen mit Waffen. Tränen standen mir in den Augen, ich riss die Balkontür weit auf. Ich brauchte Luft, weil ich das Gefühl hatte, ersticken zu müssen. Der *Große Bruder* hatte mich in den Würgegriff genommen.

Es vergingen gefühlte Stunden, bis ich wieder an den Schreibtisch zurückkehrte. In der Dunkelheit flimmerte der kleine Bildschirm meines Tablets. Gott sei Dank hatte meine Frau tief und fest geschlafen. Ich wollte nicht, dass sie sah, wie schwach ich in diesem Moment war.

Mit zitternden Fingern begann ich meine nächste Frage ins Tablet einzutippen:

Großer Bruder,
was hast du nur gemacht?
Hey, großer Bruder –
oder sollte ich sagen Schwester?

Immerhin werden wir (tatsächlich?) von einer Frau als Staatschefin regiert.

Trrr … klickte es mit leisen Tönen. Mit der Entfernen-Taste löschte ich diesen Satz wieder aus dem Vers. – Oder hätte ich ihn sollen stehen lassen?

Großer Bruder,
was nützt dir deine Macht,
wenn zwei verlieren,
stets ein Dritter lacht!
Du warst einmal stark,
vielleicht warst du zu groß –
die Geister, die du riefst,
wirst du nun nicht mehr los.

Ich muss zugeben, dass ich so schnell noch nie einen Songtext fertig hatte. Sogar die Hook-Line für eine butterweich verzerrte Gitarre hatte ich im Ohr. Flüsternd summte ich sie in mein Tablet, auf dem ich ein simples Aufnahmestudio installiert hatte.

Angefressen von dieser Melodie schlüpfte ich frierend wieder zurück unter die Bettdecke und suchte dort den wärmenden Kontakt zu meiner Frau. Innerlich noch aufgewühlt und erschöpft, aber irgendwie auch erleichtert, schlief ich letztendlich wieder ein.

Gefühlte Augenblicke später machte pünktlich um fünf Uhr der Wecker gnadenlos seinem Namen alle Ehre. Im Halbschlaf registrierte ich, wie meine Frau zur Frühschicht aufstehen musste, ich aber liegen bleiben durfte, denn die vom *Großen Bruder* gemachte Krise bescherte mir das Abfeiern meiner Überstunden.

Gewiss hätte ich mir etwas Schöneres unter *Urlaub* vorgestellt, einen festen Plan gab es bereits, doch dabei ist es allerdings geblieben.

Hinaus in die Welt
schreie ich um Hilfe

Morgens um sieben ist die Welt noch in Ordnung, vor allem, wenn die aufgehende Sonne durch das Fenster unseres Schlafzimmers strahlt. Ich liebe diese Momente. Kann es etwas Schöneres geben, als morgens von Sonnenstrahlen geweckt zu werden, die in der Nase kitzeln? Gerade in Krisenzeiten, wenn man so eine Nacht hinter sich hat …

Nach meinem allmorgendlichen Schönheitsritual folgte die Attacke auf das von meiner Liebsten selbst gebackene Vollkornbrot. Dieses hatte ich dick mit Butter und ebenfalls hausgemachter Marmelade bestrichen. So setzte ich mich energiegeladen an den PC. Daneben stellte ich den bis an den Rand gefüllten Becher mit köstlich duftendem Kaffee; heute extra stark.

Während der Computer hochfuhr, bereitete ich alles vor, was ich brauchte, um ein Musikvideo zu basteln. Auf dem Digitalpiano klimperten sich meine noch lahmen Finger quer durch verschiedene Tonarten. Kaum hatte ich die richtige Stimmlage gefunden, suchte ich auf dem darüberstehenden Keyboard nach einem geeigneten Drum-Track. Das geschah überraschenderweise recht flott, da ich bereits eine exakte Vorstellung von diesem Song hatte.

Inzwischen war der Computer startklar. Ich öffnete die DAW[1] und stellte den ersten Track auf Aufnahme. Soweit war für den Ton alles vorbereitet, nun galt es, die Kameras in die richtige Position zu bringen. Mein komplettes Büro musste dafür umgestellt werden: Sofa und Tische wurden verschoben und die Kuscheldecke meiner Frau über die Tür geworfen – das sorgte für den neutralen Hintergrund. Zur Hauptkamera gesellten sich noch zwei Smartphones, beide in der Lage, aus unterschiedlich gewählten Blickwinkeln ein HD-Video aufzunehmen.

Als alle Geräte für den ersten Take eingeschaltet waren, spielte ich unter den strengen Augen der Kameras den Instrumentalpart ein.

Die Zeit verging wie im Flug, ich arbeitete wie besessen. Zu guter Letzt krönte ich meinen Song mit den Versen über den *Großen Bruder*, der mir immer noch klar und deutlich vor Augen stand. Während ich live die Gitarre zupfte, sang ich den Song gleichzeitig ein, begleitet von dem zuvor produzierten Playback.

Das liest sich nun, als ob dies alles an einem Morgen geschehen wäre, aber dem war natürlich nicht so. Für das Abmischen vom End-Mix waren noch einige Stunden vonnöten, das Schneiden des

---

[1] DAW: Digital Audio Workstation –
    computergestütztes System für Tonaufnahmen

Bildmaterials mit Synchronisation der Tonspur benötigte einen weiteren vollen Tag.

Ich war jedenfalls voll in meinem Element bis … bis ich den *Großen Bruder* auf *YouTube* hochgeladen hatte. Beim Tippen einer Inhaltsbeschreibung erschien vor mir auf dem Bildschirm:

In meinem Innersten brennt es lichterloh und meine Seele scheint sich selbst aufzufressen. Das Einzige, was mir bleibt, um dieser »medialen Gehirnwäsche« standzuhalten, ist es dorthin rauszuschreien, wo es vielleicht gehört wird.

Ich hackte auf die Tastatur ein, die Rechtschreibung völlig außer Acht lassend, als ob ich damit alles von mir abschütteln könnte. Urplötzlich wurde mir klar, was ich gemacht, was ich produziert hatte. Diese Worte, die schrecklichen Bilder einer schlaflosen Nacht – auf einen Schlag waren sie wieder dermaßen präsent, dass ich innerlich wieder meinen eigenen *Shutdown* hatte. Warum und wieso um Himmelswillen war ich so nahe am Wasser gebaut? Wieso ging mir das so an die Nieren?

Das ist inzwischen eine ganze Weile her, aber dennoch, wenn ich diesen Titel höre, macht sich in mir ein nicht beschreibbares ungutes Gefühl breit, gegen das ich mich nicht erwehren kann.

War es die Angst vor der Zukunft oder von dem, was auf uns zukommen könnte? Stand ich mir vielleicht selbst dabei im Weg, klar zu denken? Wieso ging ich nicht raus in die Natur und freute mich über die Blütenpracht in den Gärten der Nachbarn?

Ach so, das ging nicht. Heuschnupfen! Die Erstblüher wie Haselnuss und Birken machten mir immer noch zu schaffen. Ein Wehwehchen darf man als Ü60 ja haben.

Trotzdem, es war Frühling, die Sonne zeigte, was sie im Sommer mit uns vorhatte. Ich hätte mich an der Natur erfreuen aber … Machtlos zerbrach ich mir stattdessen unnötigerweise den Kopf.

Bin ich gesund oder
habe ich krank zu sein?

Sonntagmorgen. Wider Erwarten hatte ich diese Nacht erstmals wieder richtig gut geschlafen. Sogar bestens! Nicht mal meine Blase drängte zum nächtlichen Spaziergang aufs Klo. Die Sonne schien durch das halb runtergelassene Rollo ins Schlafzimmer herein und ihre Strahlen kitzelten mich in der Nase. Ich war schlagartig putzmunter.

Das Bett neben mir war leer. Wie so oft an den Wochenenden stemmte meine Frau in der Klinik die Frühschicht, ohne Rücksicht auf den Wochentag.

Ich zog den schweren Rollladen nach oben, danach ließ ich mich pudelnackt zurück auf den Rand unseres Bettes plumpsen. Die Sonne umhüllte wärmend meinen Körper und sorgte für einen wundervollen Moment. Durch das geöffnete Fenster hörte ich Vögel munter durcheinanderzwitschern. Amseln und eine Singdrossel warben um ein Weibchen, irgendwoher gurrte eine Taube. Allen voran lärmten euphorisch die vom Nestbau besessenen Spatzen aus Nachbars Dachrinne.

Bis vor Kurzem standen hier noch zwei mächtige Tannen im Garten, bis ein Frühjahrssturm sie abknickte. Sicherheitshalber mussten sie gefällt werden, dadurch ist es merklich ruhiger geworden. Nicht nur das Käuzchen verlor sein Habitat, auch die beiden Eichhörnchen sind verschwunden. – Leider.

Nachdem ich ein paar Minuten diesen Augenblick genossen hatte, deutete alles darauf hin, dass es ein grandioser Tag werden würde. Zu meinem vollkommenen Glück fehlte nur noch ein Frühstück. – Ohne geht überhaupt nicht. Egal zu welcher Uhrzeit, und nicht ohne heißen Kaffee mit einem Butterbrot dazu, auf dem dick die von meiner Frau selbst gemachten weltbesten Marmelade aufgetragen wurde. Schade nur, dass meine Frau nicht jeden Tag Zeit findet, frisch zu backen. Leider … wobei: Die Bäcker vor Ort müssen letztendlich ebenfalls von etwas leben.

So fängt für mich der perfekte Tag an. Zumindest beinahe, denn das Liebste, was ich habe, ist meine Frau. Doch die fehlte heute. Nicht umsonst spricht man von seiner *besseren Hälfte*.

»Also lassen wir es angehen«, murmelte ich und machte mich auf den Weg in die Küche.

Wie gewohnt setzte ich Wasser für den Wachmacher auf. Filter Kaffee, klassisch aufgebrüht wie seit Jahr und Tag. Diesbezüglich bin ich *Old Fashion*. Ich holte die Butter aus dem Kühlschrank, stellte sie auf den Tisch und begab mich ins Bad.

Während die schwarze Brühe durch die Maschine schnurzelte, verströmt sie ihren unwiderstehlichen Duft quer durch die Wohnung. Bis hier im Badezimmer drang der Geruch von Kaffee in meine Nase, obwohl ich eben im Begriff war, mir die Zahnpasta von der Tube auf die Bürste zu quetschen. Ja, mir ist bewusst, dass Zähneputzen vor dem Essen nicht richtig ist, aber allen Besserwissern zum Trotz praktiziere ich das schon seit über 60 Jahren so, ansonsten würde mir das Frühstück nicht schmecken. – Bilde ich mir zumindest ein.

Während ich vor mir diesen sonderbaren Vogel im Spiegel betrachtete, zog ich Bilanz:

Ich habe supergut geschlafen.

Die Sonne scheint von einem wolkenlos blauen Himmel herab.

Die Kaffeeproduktion läuft.

Eiskaltes Wasser, das ich mir generell mindestens dreimal ins Gesicht klatsche, weckt meine Lebensgeister.

Ich bin gesund, bis auf die kleinen Wehwehchen, die sich bei Ü60 einstellen.

Bartwuchskontrolle: Na ja, für heute gehts noch mal.

Last but not least: Die Kriegsbemalung!

Um den Feuchtigkeitsgehalt zwischen Rest-Haar und Hals zu bewahren, schmiere ich mir vier Fingerspitzen voller Hautcreme aus der blauen Dose ins Gesicht und verteile sie gleichmäßig. Das hat nichts mit Eitelkeit zu tun, es ist eher ein zur Gewohnheit gewordenes tägliches Ritual.

Auf diese Art aufgehübscht wendete ich mich zwanzig Minuten später meinem Frühstück zu. »Ganz schön lange für einen Mann«, sagt meine Frau immer. Es deutete weiterhin alles daraufhin, dass es ein schöner Tag werden wird.

Beim Spazierengehen änderte sich das wider Erwarten überraschend schnell: Ich war auf meiner *kleinen Runde* unterwegs in Richtung Waldfriedhof. Sie führte über einen Hügel, von dem aus man bei einigermaßen guter Sicht herrlich die erhabenen Alpen sehen kann. Noch bevor ich den Waldrand erreichte, kam mir ein älteres Ehepaar entgegen: Er trug einen blauen medizinische Mundschutz, korrekt über Nase und Mund gezogen, sie dagegen war vollständig vermummt mit einem dicken Wollschal, einer übergroßen altmodischen Sonnenbrille und als Krönung des Ganzen hatte sie auf ihrem Kopf eine Art Zwitter aus Schlapphut und Pudelmütze. Rein optisch gesehen hatte sie für mich etwas von einem Kunstwerk, entsprungen dem *Museum of Modern Art.* Als sich unsere Wege kreuzten, wandten sie sich grußlos und demonstrativ zur Seite.

Ich fasse zusammen: Wir begegneten uns inmitten einer großen Wiese. Ich sagte freundlich »Hallo«, das Ganze mit einem mehr als gebührenden Abstand von etwa zehn Metern. Die Sonne schien aus einem wolkenlos blauen Himmel und die Luft hatte Freibadtemperatur von grandiosen 24 Grad.

Was war geschehen? War mein »Hallo« zu forsch oder gar zu intim? Einen Gruß zu erwidern, das, na ja, das erwarte ich nicht zwangsläufig von fremden Leuten, obwohl ich glaubte, sie im Dorf schon öfters gesehen zu haben. Sahen sie in meinem Wanderstock eine Waffe? In der Tat vermittelte er mir eine gewisse Sicherheit gegen frei laufende Hunde, deren Halter sich nicht um den vorgeschriebenen Leinenzwang scheren, zum Leidwesen der Risikogruppe alter Menschen wie ich es war. – Ah, jetzt hatte es bei mir *Klick* gemacht: *Risikogruppe!* Und ich trug keinen Maulkorb, weswegen die beiden Senioren Angst hatten. Vor mir! Einem gesunden Mann, der sein Leben lang noch nicht mal eine Grippe hatte. Klar, ausgenommen ein grippaler Infekt, das steht aber auf einem anderen Blatt.

Ich fing an zu hinterfragen:

Wenn ich krank war, warum ging ich dann hier spazieren?

Wenn ich krank war, wieso durfte ich dann jeden Tag zur Arbeit gehen?

Wenn ich krank war, wieso küsste mich meine Frau noch immer?

War ich überhaupt krank?

Mir war bewusst, dass ich unter Umständen infiziert und trotzdem ohne coronatypische Symptome gewesen sein könnte, aber hier, in freier Natur deshalb vermummt durch die Gegend laufen?

Tief in Gedanken versunken setzte ich meinen Weg fort. Die zuvor leuchtenden Wiesenblumen waren welk, das Gras nicht mehr grün, sondern grau. Im Wald sah ich die vom Sturm umgeknickten Bäume am Boden, nicht diejenigen, die aufrecht stehengeblieben waren.

So wundervoll wie dieser Tag begann, wurde er für mich auf diese Weise zu einem wahr gewordenen Albtraum.

Seltsame Begegnungen

Meine freien Tage gingen zu Ende. Ich war guter Dinge, vor allem, weil in unserer Firma, trotz dieser sich immer deutlicher abzeichnenden wirtschaftliche Krise, die Auftragslage noch gut war. Dementsprechend motiviert freute ich mich auf den Beginn der neuen Woche.

Mit dem Geschäftswagen war ich auf Auslieferungstour im wunderschönen Schwarzwald. Seit Tagen überschlugen sich die Nachrichten über *Covid 19*, der Einfachheit halber nur *Corona* genannt. Im Autoradio lauschte ich gebannt den aktuellen Informationen, die sich stündlich änderten.

Schon seit Tagen verspürte ich ein seltsam beunruhigendes Gefühl, das ich nirgendwo zuordnen konnte. Gesprächen im Kreise der Kollegen und Bekannten entnahm ich, dass ich nicht der Einzige war, an dem dieses inzwischen allgegenwärtige Chaos gefühlsmäßig nicht spurlos vorüberging.

Aus den Nachrichten habe ich erfahren, dass es nicht verkehrt ist, seine Mitbürger vor einem selbst zu schützen – Tröpfcheninfektion, feuchte Aussprache und so weiter. Aus diesem guten Grunde wurde auch das Einhalten eines Sicherheitsabstandes zu den Mitmenschen empfohlen, zum Zeitpunkt meines Tagebucheintrages war es von der Landesregierung jedoch noch nicht zwingen vorgeschrieben.

Nun geschah Folgendes: Meine Frühstückspause war angesagt. Ich hatte eine Bäckerei entdeckt, also fuhr ich bei dem zugehörigen Discounter auf den Parkplatz. An der Theke besorgte ich mir ein Leberkäsebrötchen, das ich unverzüglich neben dem Geschäftswagen im Stehen verspeiste. Auf dem recht großen Parkplatz standen lediglich ein paar Autos.

Drei Plätze weiter parkte eine jüngere Dame. Während sie zügig ausstieg, streifte sie sich einen Mundschutz über und blickte mich dabei an, als ob ich ein Verbrechen begehen würde, obwohl ich mindestens zehn Meter von ihr entfernt stand. In entgegengesetzter Richtung, zwei Reihen weiter, packte jemand den Inhalt seines Einkaufswagens in den Kofferraum, das Haupt bedeckt von einer tief über die Stirn gezogene Kappe, die Augen geschützt mit einer dunklen Sonnenbrille. Der Rest des Gesichts war bis zur Unkenntlichkeit vermummt.

In Anbetracht der gegebenen Situation versuchte ich, den Sinn dieser Maskerade zu erkennen. War den Leuten etwa bange vor mir, der ich einsam inmitten eines beinahe menschenleeren Parkplatzes ein Brötchen aß? Oder vor wem oder was hatten diese Leute Angst? War es diesen Menschen bewusst, dass sie auf diese Art und Weise Beklommenheit in mir auslösten?

Mit gemischten Gefühlen setzte ich meinen Weg fort, während im Radio n der Verkehrsfunk gesendet wurde: *»Im Moment liegen uns keine besonderen Vorkommnisse vor, und wir wünschen allen Hörern eine gute Fahrt.«* Bis zum nächsten Kunden lag nun eine stramme Stunde Fahrzeit vor mir.

Die Wolken schoben sich gerade zur Seite und machten Platz für die wärmenden Sonnenstrahlen. Das Display im Armaturenbrett zeigte frühlingshafte 22 Grad. Die Bäume entlang der schmalen Straße schienen in ihrer Blütenpracht zu explodieren. Ein Vorgeschmack auf den Sommer machte sich breit. Trotz alledem konnte mein innerer Zwilling sich nicht richtig darüber erfreuen.

Im Radio lief eine Sendung, in der Leute zu aktuellen Themen Rede und Antwort standen. Ich versuchte, mich von der Musik treiben zu lassen und die Fragen des Moderators in den Hintergrund zu rücken. – Es gelang mir nicht. Das lag wohl daran, dass mit unserem Ministerpräsidenten ein wichtiger Mann im Studio zu Gast war. Um mir ein umfassendes, neutrales Bild dieser Pandemie zu verschaffen, zog ich Vergleiche aus bereits gehörten Kommentaren heran. Doktoren, Professoren und andere anerkannte Leute aus verschiedenen Wissensgebieten lieferten mehr als genug geistige Nahrung. Ein gutes Allgemeinwissen schadet ja nie.

Es lief alles prima heute. Ich war in der Zeit, auf der Straße herrschte kaum Verkehr und – wenn jetzt nichts mehr dazwischenkam – pünktlich Feierabend. Dann teilte unser Landesvater beim Radiointerview mit, dass ab der kommenden Woche die Verpflichtung zum Tragen einer Gesichtsmaske für alle beschlossen wurde. Diese Nachricht traf mich, einem Faustschlag gleich, in der Magengrube; in mir zog sich alles zusammen.

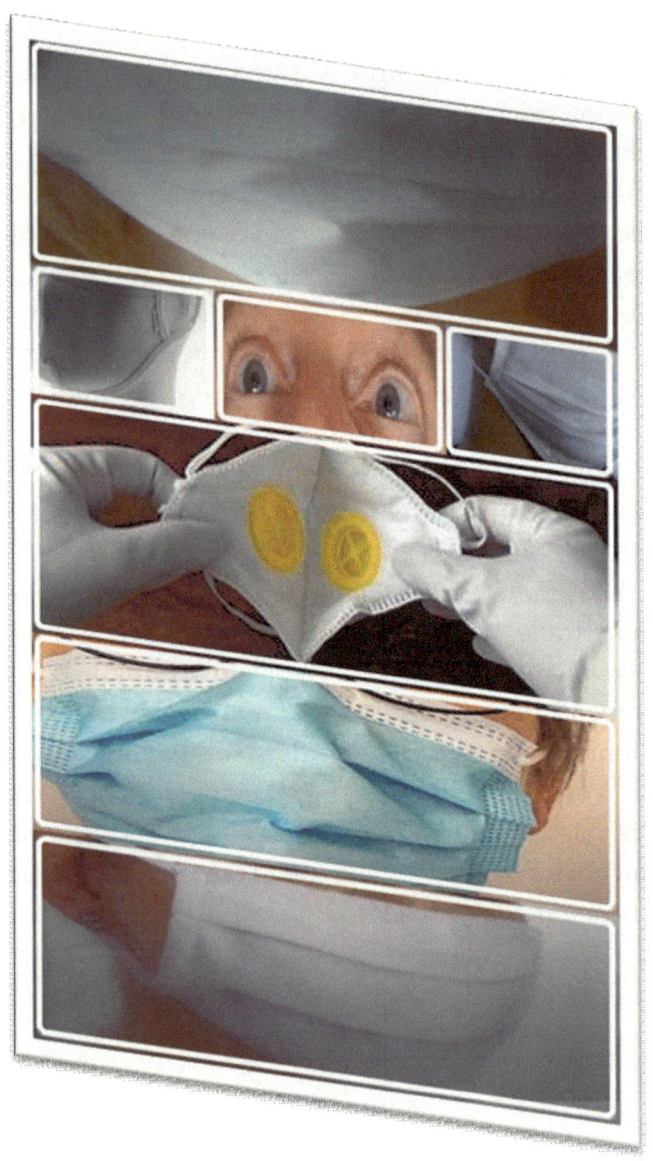

Ich habe keinen blassen Schimmer, was genau diese für mich schockierende Nachricht in mir auslöste, aber mir schossen schlagartig Tränen in die Augen, und die Straße vor mir schien plötzlich ins Nichts zu führen und verschwamm im Nebel. Schnurstracks steuerte ich auf einen Feldweg, der zufällig von der Hauptstraße abzweigte. War das ein Zeichen des Weltunterganges?

Es dauerte ein paar Minuten, bis ich endlich wieder einen klaren Gedanken fassen konnte. In meinem Innersten entstand ein schmerzhafter Riss, angesichts des Gefühls, mich dieser *Allmacht* nicht erwehren zu können. Unendlich traurig, verständnislos, aber auch gleichzeitig wütend blickte ich auf die sich vor dem Fahrersitz ansammelnden Papiertaschentücher. Der restliche Verlauf des Radiointerviews verflüchtigte sich, meine Ohren standen auf Durchzug.

Um mich wieder besser auf das Fahren konzentrieren zu können, verband ich das Smartphone mit dem Autoradio, suchte nach der Datei *Smooth Jazz zum Feierabend* und spielte sie ab. Aber nur schwer ließen sich die Gedanken in meinem Kopfkino auf die Reihe bringen.

Ob sich Moderatoren bewusst sind, dass sie mit einer simplen Radiosendung in der Lage sind, derartige Folgen auszulösen?

Alles nur ein Traum?

Normalerweise stehe ich gerne sehr früh auf, solange alles noch still und friedlich ist. Die Morgenstunden sind für mich die schönsten des Tages. Aus der vorangegangenen Nacht blieb mir ein Traum deutlich im Gedächtnis haften, das geschah in letzter Zeit recht oft: Ich machte einen Film, war der Regisseur und meine Arbeitskollegen die Protagonisten. Schauplatz des Geschehens war das Arbeitsamt:

Es ist das Jahr 2020. Eine Mutter verlässt auf dem Weg zum Arbeitsamt mit ihrem Baby das Haus. Vor der Tür hebt sie den (die diversen) Kleine(n) in den Buggy. Ihre Gesichtszüge sind hinter überdimensionierten blauen Masken nur zu erahnen. Die junge Frau kann nicht sehen, ob ihr Kind lacht oder weint, denn während sie es in den Kinderwagen setzt, hat sich dessen Mundschutz bis über die Augen verschoben. Der Dreirad-Buggy hat, ähnlich den Autos von früher, vorne einen Kühlergrill. Dieser ist mit einer Schürze zugebunden, wie man es vor vielen Jahren bei luftgekühlten Fahrzeugen im Winter machte, damit das Kühlwasser nicht einfror.

Ihr Weg führt sie entlang einer mit Bäumen gesäumten Straße, die Gärten nicht umzäunt und rundum einsehbar. Bis in die Wohnungen hinein

kann man durch die Fenster blicken, weder Vor-
hänge noch Rollos vereiteln die Sicht auf Privat-
sphäre.

An dieser Stelle fehlt mir ein Teil der Geschichte,
was aber nichts zur Sache tut.

Durch eine enge Drehtür zwängt die junge Mutter
sich in das Gebäude der Behörde, ihr Kind auf
dem Arm und den Wagen hinter sich herzerrend.
Sie ist nicht die erste Besucherin und dementsprechend lang die Warteschlange vor ihr.
Einer meiner Kollegen spielt den Mitarbeiter des
Amtes. Er sitzt zusammengekauert hinter dem
Tresen, vor sich ein Schild aufgebaut, auf dem in
dicken Buchstaben zu lesen ist: *Wir haben gerade
Pause, bitte gedulden Sie sich einen Moment.*
    Da sitzt er nun auf seinem Stuhl, eine üppig be-
legte Pausenstulle in der einen Hand, in der anderen eine große Flasche Mineralwasser. Verständnislos starrt er mit leeren Augen vor sich hin, als ihm
von seiner Kollegin eine Gesichtsmaske angelegt
wird.
    »Wie soll ich denn damit mein Brot essen?«

Wie gewohnt ging ich an diesem Tag zur Arbeit,
die wirre Geschichte spukte mir dabei im Kopf
herum; für den Rest des Tages übernahm die
Macht der Gedanken die Regie über meine Sicht

der Dinge. Ohne in der Lage zu sein, Widerstand zu leisten, ergab ich mich und versuchte, so korrekt wie nur möglich die mir vorliegende Arbeit zu verrichten, immer mit dem Blick zur Uhr, in der Hoffnung auf Erlösung, um möglichst bald nach Hause zu kommen. Dorthin, wo meine vertraute Komfort-Zone war, in der ich mich am wohlsten fühlte, weil ich dort alles abschütteln konnte.

Irgendwie kam mir alles sehr bekannt vor. Vor ein paar Jahren war ich schon einmal so weit, dass es für mich nur noch arbeiten, essen und schlafen gab. Freizeit und ein Miteinander mit Freunden und Bekannten existierten für mich nicht mehr. Mit der allgemeinen Diagnose *Burn-out* brachte man mich in eine Fachklinik und dort wieder auf Vordermann. Wochenlange Vorträge führten mir eindrücklich vor Augen, wie wichtig soziale Kontakte im Leben sind. Jetzt, auf einmal, wird mir von oben herab genau das Gegenteil diktiert: *Halten Sie Abstand! Bleiben Sie zu Hause!*

Widersprüche, von außen her dirigiert, verstrickten sich mit denjenigen, die in meinem kleinen Hirn ratlos im Kreis rotierten.

Was für eine verrückte Welt.

Das Wochenende naht

Auf der Arbeit hatten wir noch zu tun, allerdings zeigte der wirtschaftliche Einbruch bereits erste Konsequenzen; Aufträge blieben aus und es wurde unheimlich ruhig. Schwere Aufgaben, die nach körperlicher Anstrengung verlangten, hatte ich heute nicht, stattdessen Zeit, um vor mich hin zu sinnieren.

Ein Virus beherrschte die Welt – Science-Fiction in einem bisher funktionierenden Alltag. Das war in den Arbeitspausen in den Kreisen der Kollegen ebenfalls das Hauptgesprächsthema. Jeder Einzelne von uns versuchte, seine eigene Theorie zu verteidigen.

Irgendwo habe ich vor nicht allzu langer Zeit gelesen, dass eine gesunde Streitkultur unser Leben bereichert. Was aber, wenn es Situationen gibt, denen man sich nicht entziehen kann und darum zwangsläufig genötigt wird, mitzuhören? Mediales Bombardement über Funk, Fernsehen und Social Media ... Klar, ich muss nicht Radio hören, im Fernsehen kann ich eine belanglose Spielshow anschauen und ein Blick auf die sozialen Plattformen ist ebenfalls freiwillig. *Wegsehen, Nichthinhören«* und *Nichteinloggen* wären förderliche Maßnahmen, davon Abstand zu nehmen. – Aber: Wie soll ich dann Informationen erlangen, über die von

Stunde zu Stunde wechselnden Bestimmungen, die uns von oben herab auferlegt werden? Kann ich sagen, dass die Katze sich hier in den eigenen Schwanz beißt? Wie sortiere ich richtig aus?

Nächste Frage: Wie sollen denn wir *Normalos,* die nie studiert und nur eine gewöhnliche Schule besucht haben, damit klarkommen, wenn uns der *normale* Menschenverstand von oben herab wie das Licht der Lampe ausgeknipst wird? Weil ich das exakt so empfand, geriet ich ins Grübeln. Die Macht der Gedanken überrollte mich unaufhaltsam, wie eine Springflut, wobei ich nur hoffen konnte, dass sie irgendwann einmal verebben und im Sande verlaufen würde.

Zum Glück hatten wir im Betrieb keine Probleme mit dem von der Regierung diktierten Sicherheitsabstand. Die einzelnen Arbeitsbereiche waren großzügig angelegt und keiner von uns musste dem anderen auf die Füße treten. Im Grunde genommen war das ein schönes und entspanntes Arbeiten, genauso wie ich es mir immer gewünscht hatte. Trotzdem stimmte etwas nicht: Ich mag Ruhe, um mich zu entspannen, wie zum Beispiel in der Sauna, zu Hause auf dem sonnigen Balkon oder auf einer Parkbank am See, doch mit dieser gemachten, falschen und trügerischen Ruhe konnte ich nichts anfangen. Im Gegenteil, es förderte mein Gefühl von Machtlosigkeit und schürte innerliche Aggressionen. – In erster Linie mir selbst gegenüber: Ich werde ungeduldig, wenn etwas nicht sofort klappt, ich fauche dann Kollegen an, weil mir deren Umgangston gerade nicht gefällt und … Keine Ahnung, wie ich es in Worte fassen soll. Ich habe manchmal das Gefühl, nicht mehr ich selbst zu sein. – Leide ich etwa an Schizophrenie?

Während ich an meinem Tisch einsam vor mich hinarbeitete, legte sich mir eine imaginäre Schlinge um den Hals, die sich zu zog, aber abgelenkt durch eine Bewegung, war nach ein paar Minuten alles wieder gut. Ich atmete tief durch.

Die Uhr zeigte kurz nach halb zehn, der nächste Arbeitsschritt lag vor mir. Ich mag diese Arbeit in der Kombination von bewegen, nachdenken und darüber hinaus keine große Verantwortung tragen. Eigentlich *alles easy*, wie man zu sagen pflegt. Es gab nichts, worüber aufzuregen sich gelohnt hätte. Eigentlich alles klar.

Ohne Vorankündigung legte sich die Schlinge erneut um meinen Hals, der Spuk ging von vorne los. Ich versuchte, tief und gleichmäßig durchzuatmen, derweil mein Puls den Turbo eingeschaltet hatte. Diese Situation, das ganze Drum und Dran, trieb mir mit immer kürzer werdenden Abständen Tränen in die Augen. Es blieb nicht aus, dass es im Laufe dieser immer wiederkehrenden Momente mit meiner Konzentration bergab ging.

Rückwirkend betrachtet tat ich an dieser Stelle das einzig Richtige: Ich suchte das direkte Gespräch mit meiner Chefin.

Hilfe scheint in Sicht

Ich nahm all meinen Mut zusammen und machte mich, in dem Gefühl, in einer Sackgasse zu stecken, auf den Weg zum Hausarzt. Physisch gesehen fehlte mir nichts, abgesehen von den altersbedingten Zipperlein wie Rücken und der Pollenallergie, die ich mit Pillen erfolgreich unterdrücke. Nach dem Ausscheideverfahren blieb also nur noch die Psyche als mögliche Ursache. Mein innerer Zwilling hatte scheinbar *was an der Waffel*.

Um die Praxis aufzusuchen, war ich gezwungen, meine Komfortzone innerhalb der eigenen vier Wände zu verlassen.

Nur mit geeignetem *Spuckschutz* wurde mir nach vorherigem Klingeln Einlass ins Wartezimmer gewährt.

Die Helferin und Ärztin traten mir, unter Einhaltung strengster Hygieneregeln, in voller Schutzmontur gegenüber, wie bei einer anstehenden Operation. War ich etwa schon halb tot? Ich kam mir vor wie ein winziges Sandkorn, dem sich die ganze Sahara entgegenstemmte. Welch ein Aufwand für etwas, was man weder hören, riechen, schmecken noch sehen kann. Wie sollte ich unter diesen Umständen einen normalen Blutdruck abliefern?

Um es kurz zu machen: Mit drei gelben Scheinen in der Hand durfte ich nach ein paar Untersuchungen, gefolgt von einem ausgiebigen Gespräch, wieder den Heimweg antreten, froh, dass dieser Spuk vorbei war. Allerdings sollten noch weitere notwendig erscheinende Untersuchungen folgen, darunter Besuche bei einem Facharzt für Psycho- und Neurologie.

Die Tage zu Hause brachten mir vorerst ein wenig der ersehnten inneren Ruhe.

Als ich eines Abends meine Tablette gegen Heuschnupfen zur Einnahme bereitlegte, meinte meine Frau: »Gib mir mal bitte den Beipackzettel. Ich möchte sehen, wie lange du die Pillen überhaupt nehmen sollst.«

Ganz ehrlich, diese *Waschzettel* sind doch für Männer wie eine Gebrauchsanweisung: Eine Maschine wird zu allererst eingeschaltet, dann ausprobiert; sollte etwas nicht funktionieren, kann man immer noch einen Blick ins Handbuch werfen. Dass dies ein fataler Fehler meinerseits sei, hielt mir meine Frau vor. Wie hören wir es täglich in der Werbung? *Zu Risiken und Nebenwirkungen fragen sie ihren Apotheker …*

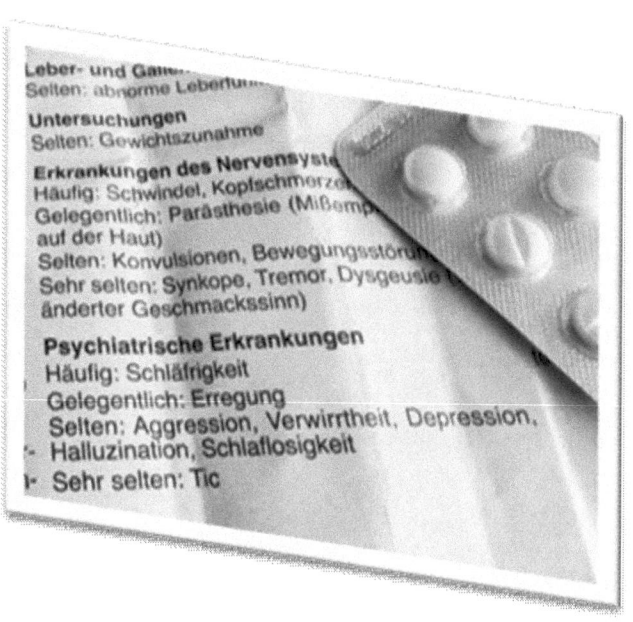

Leber- und Gall...
Selten: abnorme Leberfun...

Untersuchungen
Selten: Gewichtszunahme

Erkrankungen des Nervensyst...
Häufig: Schwindel, Kopfschmerz...
Gelegentlich: Parästhesie (Mißemp...
auf der Haut)
Selten: Konvulsionen, Bewegungsstör...
Sehr selten: Synkope, Tremor, Dysgeusie...
änderter Geschmackssinn)

Psychiatrische Erkrankungen
Häufig: Schläfrigkeit
Gelegentlich: Erregung
Selten: Aggression, Verwirrtheit, Depression,
Halluzination, Schlaflosigkeit
Sehr selten: Tic

Ich setzte die Tabletten umgehend ab. Das Wetter kam mir insofern entgegen, dass es endlich wieder einmal regnete. Schon seit Wochen war kein Tropfen mehr gefallen, weshalb Sonne und Wind den Angriff von Blütenpollen auf mein ansonsten dickes Fell begünstigten. Dieses zeigte sich in letzter Zeit überaus dünnhäutig und verletzlich.

Bedrohliche Hilfe

Nachdem ich erkannt hatte, dass ich in einer Sackgasse steckte, bat ich meinen Arzt um Maßnahmen für eine Therapie. Vielleicht half es, wenn ich psychologische Unterstützung bekam, überlegte ich.

Schon einmal kam ich in den Genuss, fünf Wochen Intensivkurs in einer psychosomatischen Fachklinik zu belegen. Der Auslöser damals war eine klassische Überlastungssituation, der bereits erwähnte Burn-out. Alltagsstress trieb mich in eine von Ärzten diagnostizierte Depression, hinterhältig und schleichend. Für mich hatte nur die Arbeit gezählt und ich arbeitete tatsächlich im wahrsten Sinne des Wortes bis zum Umfallen. Abgelenkt vom täglichen Stress am Arbeitsplatz erkannte ich nicht, dass mein Körper anfing, sich zur Wehr zu setzen. Die Arbeitstage waren immer länger geworden, für soziale Kontakte oder gar Sport mangelte es an Zeit. Das wurde mir in der Therapie erst wieder beigebracht.

Und jetzt hieß es auf einmal: Abstand und Distanz halten. Das wurde mir an diesem Morgen deutlich vor Augen geführt: Mein erster Besuch bei einem Psychologen stand auf dem Programm.

Mit gemischten Gefühlen machte ich mich auf den Weg zur Praxis, die in einer Fußgängerzone lag. In Gedanken versunken schlenderte ich dahin, bis mir auffiel, dass die Menschen, die mir entgegenkamen, einen großen Bogen um mich machten. Dann bemerkte ich, dass ich mich noch nicht maskiert hatte. *Wozu auch?*, dachte ich, ich bin ja an der frischen Luft und habe nicht vor, jeden der mir entgegenkommt zu umarmen. Selbstverständlich hatte ich mir vorschriftsmäßig ein Halstuch umgelegt, jederzeit bereit es hochzuziehen, wenn es erforderlich sein sollte.

Beim Betreten der Praxis war dies der Fall, und ich sah mich einer freundlichen Arzthelferin gegenüber, so interpretierte ich zumindest ihre Stimme, den ihr Gesicht konnte ich nur erahnen: Vom Hals bis über die Nase hoch gab es mit Ausnahme der medizinischen Schutzmaske nichts zu sehen, die Augen ließen sich hinter Brille und zusätzlicher Sicherheitsglaswand nur erahnen. Welch ein immenser Aufwand für Patienten, die sich körperlich gesund fühlen, aber um psychischen Beistand bitten. Ob ich hier richtig war? In mir kamen erste Zweifel.

Nachdem ich einige Formulare ausgefüllt hatte, durfte ich erst noch mal Platz nehmen. Das Wartezimmer war dank vorgeschriebener Abstandsregelung bereits mit zwei Patienten voll belegt, die sich jeweils in den Ecken gegenübersaßen, deshalb wurde ich auf einen Stuhl am Ende des Ganges verwiesen. Ein weiterer Patient, der kurz nach mir die Praxis betrat, wurde aufgefordert, draußen vor der Tür zu warten. Es herrschte eine überaus angespannte Situation, die mir Unbehagen bescherte.

Nach einer Viertelstunde wurde ich mit einem Aufruf endlich erlöst.

Mein Halstuch über die Nase bis zu den Augen hochgezogen setzte ich mich auf den mir wortlos angedeuteten Stuhl. Keine (!) gläserne Sicherheitswand war zwischen dem Weißkittel und mir, das sollte wohl Vertrauen vermitteln. Stattdessen tippte der ebenfalls vermummte Arzt, noch bevor wir ein Wort gewechselt hatten, etwas in den PC. Dann erst blickte er mich über den Rand seiner Brille an.

»Wo fehlt es Ihnen, was kann ich für Sie tun?«, so seine Frage.

Meine Antwort kam noch kurz und bündig: »Mir fehlt nichts, im Gegenteil, mir ist alles zu viel!«

Ich versuchte zu schildern, was mich bedrückte, er bearbeitete zeitgleich seine Tastatur. Aufkochende Emotionen brachten meinen zähgewordenen Redefluss häufig ins Stocken. Im Nachhinein betrachtet verbrachte ich die Zeit dort überwiegend mit Schweigeminuten, von einem hilfreichen Gespräch konnte nicht die Rede sein. Die wenigen Fragen von seiner Seite brachten mich zu der Überzeugung, dass es ihn überhaupt nicht interessierte, warum ich auf seinem Stuhl saß.

Als sein Telefon klingelte, verließ er, kurz um Entschuldigung bittend, den Raum. Wie ein begossener Pudel saß ich recht lange auf dem Stuhl und lauschte gezwungenermaßen seinem Privatgespräch, das er in einem hellhörigen Nebenraum führte.

Wieder im Besprechungszimmer zurück, nahm er wortlos hinter seinem Schreibtisch Platz. Ein intensives Gespräch kam allerdings nicht mehr zustande, meine 40 Minuten waren inzwischen fast vorbei. Während er sich wieder mit Schreiben beschäftigte, versuchte ich, seine Mimik hinter der medizinischen Gesichtspappe zu deuten; leider erfolglos.

Aus freien Stücken gab ich mich hilfesuchend in die Hand eines geschulten Spezialisten, in der Hoffnung, Antworten zu finden oder zu erarbeiten. Stattdessen verließ ich enttäuscht die Praxis mit einer weiteren Frage, die mich nun beschäftigte: Wie sollte ein gutes Gespräch zustande kommen, wenn man der Mimik beraubt wird? – Verdammt noch mal, ich möchte einem Menschen ins Gesicht sehen, seine Reaktionen wahrnehmen, Intuition spüren, sonst kann ich genauso gut zu Hause gegen mein wohl sortiertes Bücherregal reden! Vielleicht hält sich ja dort eine passende Antwort versteckt?

Heute so, morgen so!

Wo bin ich nur gelandet? Der sich in meinem Kopf abspielende Psychothriller scheint kein Ende zu nehmen. Die vorangegangene Nacht hatte mich wie schon des Öfteren mit schlaflosen Stunden bestraft, obwohl ich bis nach Mitternacht vor dem Fernseher saß und eigentlich todmüde war. Auf einem Nischensender hatte ich ein hochinteressantes Gespräch verfolgt, froh, dass einem für mich glaubhaften und renommierten Wissenschaftler eine Plattform geboten wurde, die ich bisher vermisst hatte. Kritisch folgte ich seinen offensichtlich mit Bedacht gewählten Worten, die für mich *Dummie mit null Ahnung von Politik* absolut nachvollziehbar waren – im Gegensatz zum alltäglichen Marionettentheater öffentlich-rechtlicher Sender. Ich sah einen Hoffnungsschimmer am Horizont, denn endlich redete mal jemand in der Öffentlichkeit, bei dem sogar ich Hand und Fuß in der Rede sah.

Warum war es falsch, eine andere Meinung zu haben? Als ob dieses heillose Durcheinander von sich selbst widersprechenden Wissenschaftlern nicht schon genug gewesen wäre, musste unsere Politik auch noch dazwischenfunken. Wie sollte ich kleines *Erdmännchen* unter diesen Umständen den Überblick behalten? Am liebsten hätte ich ab und zu meine Gedanken in eine andere Bahn gelenkt, auf eine Straße mit gleichmäßig fließendem Verkehr ohne Hindernisse. Stattdessen hielt ich ein blockierendes Lenkrad in der Hand und versuchte mit aller Kraft, dieser Sackgasse zu entkommen, zurück auf die Autobahn, auf der freie Fahrt herrschte. Aber vergebens. Um die Lenkradsperre aufzuheben, brauchte ich einen Schlüssel, den hatte ich aber leider nicht. Stattdessen blieb mir nichts anderes übrig, als diesem holprigen Feldweg weiter zu folgen. Immer geradeaus. Fahrziel unbekannt.

Meine nächtlichen Exkursionen in die Welt des Halbschlafes klatschten mir zum Frühstück massenweise zerfetzte Gedankenschnipsel auf den Tisch. Die Nachrichten des TV-Programms vom Vorabend waren daran nicht schuldlos, die Öffentlich-Rechtlichen der Sündenbock.

Inzwischen gab es, neben Corona im eigenen Land, wieder Berichte vom Rest der Welt. Vor meinen Augen verschwammen die Bilder von hungernden Menschen in der Dritten Welt, Aufnahmestationen für Flüchtlinge, Käfighaltung von Hühnern in Legebatterien und Kriegsbilder aus dem Dritten Reich, die sich mit aktuellen Bildern aus dem Nahen Osten abwechselten, darunter brandaktuelle, medial groß inszenierte Aufnahmen von Aktionen in Altersheimen und Insolvenzen, Schicksalen, Fußball und – welch ein Wunder – die

Olympiade wurde abgesagt. Die Eindrücke prasselten genauso strukturlos auf mich ein, wie meine Gedanken dazu sich entwickelten – oder umgekehrt. Ich hinterfragte jedenfalls, zum Beispiel die Konzerne, die angesichts all dessen wegen finanzieller Verluste jammerten. Wieso wurden deren milliardenschwere Gewinne nicht dort investiert, wo sie am dringendsten benötigt werden? Zum Beispiel im Kampf gegen Hunger, vernachlässigte Schulbildung in der Dritten Welt und dem Untergraben von Korruption bei eigensinnigen Staatsoberhäuptern? Zwar sollten nach außen hin wirkungsvoll veranstaltete Show-Darbietungen so kleinen Dummköpfen wie mir Beweise liefern, welch große Leistungen vollbracht wurden, stattdessen wurden mir im Hintergrund Sprichwörter bestätigt wie *Geld regiert die Welt, Der Teufel scheißt immer auf den größten Haufen* oder *Eine Krähe hackt der anderen kein Auge aus.*

Für einen kleinen Dummschwätzer wie mich ist die Lösung simpel: Wenn jeder Erdenbürger in der Lage wäre, ein würdiges und vor allem gesundes Leben zu führen, gäbe es mit Sicherheit weniger Krankheiten. Die Milliarden an Finanzmitteln dazu wären meines Erachtens vorhanden. – Gewesen?

Was ich ebenfalls nicht verstehe: Wir kämpfen gegen nicht artgerechte Haltung von Legehennen und Mastschweinen, ebenso für die Freiheit von

Fledermaus, Goldfisch und was weiß ich noch alles, aber auf der anderen Seite werden vor Hungersnot und Krieg geflüchtete Menschen in Lagern unter den menschenunwürdigsten Bedingungen zusammengepfercht. Ich verstehe nicht die Politik dahinter! Wieso wird die Pflanze nicht an der Wurzel abgesägt, die für die Ernährung von Fluchthelfern und anderen daran Verdienenden zuständig ist? Wieso wird das Feuer nicht dort gelöscht, wo es entsteht? Wieso wird von Großkonzernen den Ärmsten in der Welt das Wasser abgegraben, das sie zum Überleben dringend brauchen? Wieso werden diese Menschen, mit dem Segen unserer Politiker, im Jahr 2020 bewusst eliminiert? Haben wir nicht all die Gräueltaten aus dem Dritten Reich noch vor Augen, die im Gegensatz zu heute auf einer kleinen Bühne aufgeführt wurden?

Die Gedanken sind frei! Aus diesem Grunde betone ich ausdrücklich, dass meine Zeilen lediglich wiedergeben, was mir mit Unterstützung einer brachial geschwungenen Medien-Keule schlaflose Nächte bescherte.

Mediale Inszenierungen im Trash-TV-Format zeigen winkende Menschen, auf Hebebühnen an Altersheimen in den zweiten Stock vor das Fenster der Oma gehoben, die weinend zurückwinkt. Ich kann mir nicht vorstellen, dass dies Freudentränen waren. Dafür, dass Oma zu ihrem Schutz eingesperrt wurde? Wirklich, medial perfekt in Szene gesetzt. Sieht die Wahrheit nicht völlig anderes aus? Durch auferlegtes *Besuchsverbot zum Schutze der Insassen* wird in meinen Augen genau das Gegenteil von dem gemacht, was diese Menschen verdient hätten: In den Arm genommen zu werden, um zu spüren, dass sie noch einen Wert haben; Wertschätzung und nicht Ausgrenzung durch Abschiebung.

Corona hin oder her, Mundschutz ja oder nein sollte jeder für sich selbst bestimmen. Wenn es denn so sein soll, haben wir schließlich die Möglichkeit uns und andere zu schützen. Dazu braucht es keine Verbote! Wie kann es sein, dass Politiker ohne medizinische Fachkenntnisse öffentlich das Gegenteil von Meinungen anerkannter Ärzte und Professoren behaupten? Hätte ein wenig mehr an ethischer Zurückhaltung nicht ebenfalls ausgereicht? Kein Wunder, dass in meiner Fantasie diese Volksvertreter zu *Volksverdrehern* wurden, um uns als schwächstes Glied in der Kette der Superschlauen selbstzerstörerisch zu manipulieren. Der Grundstein wurde gelegt in den Alters- und Pflegeheimen, bei den Menschen, die die Politiker von heute auf ihre Bühne hochgehoben haben.

An dieser Stelle erwarte ich *unseren Alten* gegenüber Dankbarkeit. Stattdessen nimmt man diesen Menschen das Letzte, was sie noch besitzen: ihre Würde. Das macht mir Angst.

Endzeitstimmung

Inzwischen hatte ich seit Tagen schon keinen Fuß mehr vor die Tür gesetzt. Von morgens bis abends die Zeit am PC verbringend hatte ich mich dazu entschlossen, andere an meinem Tagebuch teilhaben zu lassen. Bestimmt ertappt sich manch einer, der ebenso denkt, und stärkt mich damit im Glauben, Rückendeckung zu erhalten.

Obwohl ich mich gesund fühlte, schien mein innerer Zwilling angeschlagen zu sein. Schreiben befreit; es hilft, alles in der Endform auf Papier zu bringen, um erlöst zu sein. Ich hoffe, diese Therapie schlägt an.

Nachdem es seit einer Woche bei uns vorgeschrieben war, an bestimmten Orten eine Gesichtsmaske zu tragen, wagte ich gezwungenermaßen zum ersten Mal wieder den Weg in die Stadt. Ein befremdliches Gefühl saß mir im Nacken, wie so eine Art von Endzeitstimmung, unterstützt durch tief hängende graue Regenwolken. Wohin der Blick auch schweifte: maskierte Menschen in der Fußgängerzone, auf Parkplätzen und in Geschäften. Sie waren allgegenwärtig. Ich sah keine lachenden Kinder, nur hektische Erwachsenen, denen man ansehen konnte, dass sich sichtlich genervt waren. Gedanken an meine Kindertage klopften an: Trotz wenig Geld waren wir reich an Freiheit und Lebensfreude. Keine Schwerindustrie nahm uns die Luft in dem Maß zum Atmen wie heute. Die Anzahl größenwahnsinniger Menschen war, bis auf ein paar Spinner, überschaubar. Das wichtigste Gut für Eltern waren wir Söhne und Töchter. Welch schöne Zeit wir hatten. Doch was für eine Art von Zukunft werden uns die Kinder von heute bringen?

Vielleicht sehe ich auch nur schwarz. Anders ausgedrückt: Wenn ich mich vor einen Eisenbahntunnel in die Mitte des Gleises stelle und meinen Blick in den Berg hinein richte, bin ich nicht mehr in der Lage, etwas zu erkennen. Was aber, wenn ich lange genug regungslos stehen bleibe? Kommt dann erst die endgültige Lösung mit anschließender Erleuchtung – oder umgekehrt?

Insolvenzen, Schicksale, Fußball – *Only bad news are good news!*, denn wer interessiert sich schon dafür, ob Mr. Nobody auf einem anderen Kontinent das beste Stück Erdbeertorte verspeiste – es sei denn, er ist daran erstickt oder prominent. Doch aufmunternde Nachrichten dieser Art machten sich rar, dafür überschlugen sich die schlechten Meldungen. Die Brisanz einzelner Schicksale addierte sich schneller als die Anzahl der an Covid 19 direkt verstorbenen Menschen.

Erste Insolvenzen, Kurzarbeit, private Zahlungsunfähigkeiten, Entlassungen und jeglicher Zukunftsaussichten beraubten Menschen. Das von

Menschenhand aufgemachte *Fass* hatte keinen Boden. Dafür wurde es oben gedeckelt. Die Spielwiese für Erwachsene wurde wieder geöffnet, Formel 1 und Fußball fanden wieder statt. Spielplätze für Kinder blieben aber vorerst weiter geschlossen. – Mir kam das Kotzen!

Ich entschuldige mich für diese verbale Entgleisung und korrigiere: Da geht mir in der Tasche das Messer auf!

Gedanklich versuchte ich, die Thematik in diesen Zeilen auseinander zu sortieren. Das war nicht einfach für ein kleines Hirn wie meines! Je länger ich schrieb, desto stärker ersetzte Traurigkeit die Angst. Doch wo fand ich in diesem Leben noch meinen Platz? Gab es den überhaupt noch?

Persönliche Bange um meine Existenz schob ich getrost beiseite und Angst, mich mit diesem Virus zu infizieren, hatte ich nicht im Geringsten, ich *hatte mein Leben*. Als Mitglied der *Hochrisikogruppe Ü60* hatte ich nach Ansicht der Politiker sowieso ausgedient. Was mir trotz alledem Sorgen bereitete, waren Bilder aus Ländern, in denen Nöte herrschten, die nicht sein mussten. Auf einmal wurden Milliarden in die Hand genommen, die es nicht gab, und für Dinge ausgegeben, die in meinen Augen absolut unsinnig waren, deklariert mit dem Hinweis *Zum Wohle der Menschheit.*

Ist dafür nicht unsere Regierung zuständig? Nun gut, mir war es verwehrt, eine weiterbildende

Hochschule zu besuchen. So wurde es auch nichts mit einem Studium. Trotzdem hätte ich eventuell die Chance gehabt, Karriere machen zu können, mich zum gut bezahlten Politiker hochzuarbeiten. Was wäre aber, wenn ich zum Beispiel als Minister ohne fundierte Ausbildung wichtige Entscheidungen im Sinne und zum Wohle des Volkes hätte treffen müssen? Das wäre unsagbar traurig gewesen, denn mit meinem Gewissen hätte ich das nicht vereinbaren können.

Frei sein

Zwischenzeitlich unternahm ich wieder öfters Versuche, mich *unters Volk zu mischen,* das Verlassen der Komfortzone meiner heimischen vier Wände fiel mir aber immer noch nicht leicht. Wenn andere Menschen sich da eher eingesperrt fühlten, bedeuteten meine vier Wände für mich in dieser Zeit vielmehr pure Freiheit ohne jegliche Einschränkungen. – Trotzdem, wenn ein unumgänglicher Arztbesuch es verlangt und im Kühlschrank gähnende Leere herrscht, lässt sich ein Gang in die Stadt nicht vermeiden.

Um etwas für Gesundheit zu tun, hatte ich mich entschieden, mit dem Fahrrad auf den Markt zu fahren. Auf der Straße kamen mir die ersten Fahrzeuge entgegen, ihre Lenker teilweise bis zur Unkenntlichkeit vermummt, was auf mich sehr befremdlich wirkte. Obwohl es über Bild und Ton von den Medien zur Genüge breitgetreten wurde, war es in natura sehr gewöhnungsbedürftig und wirkte auf mich eher bedrohlich.

Dem Fahrtwind geschuldet und zum Schutze entgegenkommender Mücken trug ich ebenfalls ein Tuch, das ich mir bis zur Nase hochgezogen hatte. Diesbezüglich machte das für mich Sinn, aber jemand, der allein im Auto saß?

Ich radelte weiter und passierte eine Bushaltestelle am Ortseingang. Eine einsame Frau saß wartend auf der Bank, mutterseelenalleine, ein Tuch bis zu den Augen hochgezogen. – Weil es Vorschrift war, auf öffentlichen Plätzen einen Mundschutz zu tragen? Oder hatte die Person Angst – aber vor was oder wem?

Den Kopf voller Gedanken erreichte ich den Marktplatz.

Nachdem ich das Fahrrad sicher abgeschlossen hatte, lenkte ich meine Schritte schnurstracks Richtung Wochenmarkt und passierte den Stand des ersten Händlers. Dekorativ ausgebreitet wurden Gesichtsmasken in allen Farben angeboten, für zehn Euro das Stück. Ein paar Meter weiter versperrte eine provisorisch aufgestellte Schranke den Zugang zum weiteren Marktgeschehen. In unübersehbaren Großbuchstaben stand dort auf einem Schild zu lesen, was im Gemeindeblatt bereits Tage zuvor schon angekündigt war: *Zutritt nur mit Gesichtsmaske. Bitte beachten Sie den vorgeschriebenen Mindestabstand zu anderen Personen!* Bewacht wurde die Absperrung von einem maskierten – ich korrigiere: geschützten Sicherheitsmann mit breiten Schultern. Dieser wies gerade einen Passanten zurecht, indem er ihn bat, seinen blauen Mundschutz tunlichst bis über die Nase hochzuziehen.

Ich musste tatsächlich tief einatmen und überlegen, ob ich mir den Einkauf auf dem Wochenmarkt zumuten konnte, wollte oder sollte.

In diesem Augenblick kam mir eine ältere Dame entgegen. An der Leine hatte sie einen, höflich ausgedrückt, vierbeinigen *mopsverdackelten Windhund.* Obwohl das auf dem Wochenmarkt strikt verboten war, verlor niemand ein Wort darüber. In meinem Kopf entstand eine Karikatur. Sie zeigte einen Menschen mit Maulkorb, der an der Hundeleine von seinem fröhlich bellenden Vierbeiner durch den Park geschleppt wurde.

Der Korb in meiner Hand war ebenso leer, wie die Gesichter der vermummten Menschen, denen ich auf dem Markt begegnete. Nachdem ich ihn gefüllt hatte, versuchte ich mich über das eben erstandene frische Gemüse zu freuen, stattdessen blickten mir Kohlrabi, Gurken und Radieschen emotionslos entgegen.

Der Nachhauseweg glich einer Fahrt durch einen Tunnel, mit der Gewissheit, dass es am anderen Ende wieder hell wird. Ich war froh, als ich wieder im *Heimatbahnhof* landete. So in etwa muss sich der erste Schritt anfühlen, der vom Gefängnis zurück in die Freiheit führt.

Der Mai ist gekommen

Inzwischen war es Mitte Mai geworden, ich blätterte entspannt durch unser Gemeindeblatt. Auch die Tageszeitung mit den aktuellen Bestimmungen zur Corona-Lage wollte ich schnell abhaken, wirklich Neues gab das Blatt nicht her. Trotzdem erwischte ich mich dabei, dass ich nochmals von vorne anfing zu lesen, weil ich mit dem, was da in gedruckter Form vor mir lag, irgendwie nicht zurechtkam.

Um nur einen Absatz als Beispiel von mehreren Artikeln herauszugreifen, stand auf Seite zwei zum Beispiel: *Familienfeiern über 50 Personen sind nach wie vor verboten.* Im nächsten Abschnitt jedoch wurden Demonstrationen, Kundgebungen und andere Versammlungen nach Maßgaben des Artikels 8 des Grundgesetzes erlaubt! Wo bleibt das Gesetz, das es ermöglicht, die goldene Hochzeit im Kreise einer großen Familie einschließlich der Enkelkinder zu feiern? Ganz zu schweigen von Feierlichkeiten, bei denen wir verstorbenen Angehörigen die letzte Ehre erweisen.

Beim aufmerksamen Blättern spürte ich, wie sich in mir bisher ungekannte Aggressionen entwickelten, die ich meinen Mitmenschen nicht zumuten mochte. Stattdessen blickte ich mit leerem Blick aus dem Wohnzimmer nach draußen, Freude über den vorsommerlichen Tag konnte ich nicht aufbringen. Immer wieder tauchte dieselbe Frage nach dem Warum auf. Trauer und Wut fochten einen Streit, bei dem ich unfreiwillig dazwischengeriet. Ich fühlte mich ordentlich an der Nase herumgeführt. Was konnte man glauben, mit was würden wir als Nächstes belogen?

Zur Bestätigung, wie konnte es auch anders sein, gab es im abendlichen TV einen passenden Bericht zum Thema *Corona*. Altersheime durften wieder Besucher empfangen! Endlich wieder etwas mehr Menschlichkeit und Respekt, womit ich beileibe nicht sagen möchte, dass ich absoluter Gegner der bisherigen Verordnungen war. Auf alle Fälle zeigten die Bilder Menschen vor dem Eingang zu einem Pflegeheim – in gebührendem Abstand, artig wartend in einer Reihe, den Mundschutz korrekt über die Nasen gezogen. Sie wurden von einem Mitarbeiter des Hauses empfangen, der die Händedesinfektion der Besucher vornahm. Großzügig verteilte er, lediglich mit Handschuhen geschützt, sein *Spritzmittel*. Sein einfacher Mundschutz war nicht zertifiziert, viel zu locker lediglich bis zur Nase hochgezogen, die Ärmel waren hochgekrempelt und er trug kurze Hosen; weder Schutzanzug noch Schürze oder dergleichen. Trotzdem war der Auftritt mediengerecht für die *Tagesschau* in Szene gesetzt worden. – Muss ich mich entschuldigen, wenn ich mich beim Betrachten dieser Aufnahmen verarscht fühle?

Schlag auf Schlag ging es mit ähnlichen, für mich nicht nachvollziehbaren Nachrichten weiter. Ich zitiere aus der Internetseite unserer Stadtverwaltung: *Die Corona-Verordnung regelt, dass Bolzplätze landesweit geschlossen bleiben.* Im Radio kam am selben Tag der Beschluss: *Die Bundesliga wird zu Ende gespielt.* Hauptsache die Kitas und Spielplätze bleiben weiterhin geschlossen. Hat es sich denn noch immer nicht herumgesprochen, dass Kinder spielen, toben und dabei Kontakt miteinander haben müssen, um ihr Immunsystem zu stärken?

Ich als erwachsener Mensch verstehe die Welt nicht mehr und hoffe nur, unsere Kinder stecken diese Krise besser weg. Was unsere Zukunft anbelangt, möchte ich an psychische Folgeschäden lieber nicht denken.

In einem weiteren Abschnitt stand zu lesen: *Besonders wichtig ist auf öffentlichen Grillplätzen, dass auch dort die allgemeinen Verhaltens- und Kontaktregeln gelten. Wenn zum Beispiel ein Grillplatz bereits durch zwei Personen aus verschiedenen Haushalten belegt ist, können keine weiteren hinzukommen.* Zeitgleich wurden über den Landkreis hinaus Großdemonstration genehmigt! So sieht es aus, wenn die linke Hand nicht weiß, was die rechte dem kleinen Mann antut!

Über derart unverständliche und gegensätzliche Bestimmungen ließe sich (unnötigerweise) ein ganzes Buch füllen, aber ein aufmerksamer kritischer Blick in die Tagespresse genügt.

Es sieht für mich ganz so aus, als ob wir einer Zukunft unter Hochspannung entgegensehen. Verschwörungstheorien vermischen sich mit den Uneinigkeiten der Wissenschaftler, Demonstrationen mit prominenter Unterstützung ergeben hochexplosiven Sprengstoff. Muss ich mich schämen, wenn ich sage, dass ich davor Angst habe?

Ich wünschte mir, es diesen drei klugen Zeitgenossen nachmachen zu können: nichts sehen, nichts hören und nichts sagen.

Inzwischen traten primäre Lockerungen in Kraft, von den Medien als *Anzeichen erster Normalität* bezeichnet. Wenn es denn so sein soll und die Mehrheit der Menschen daran glaubt, ist es bestimmt gut. Wie sagt man so schön: *Der Glaube versetzt Berge.* Für mich scheint die Realität jedoch noch weit entfernt von *normal* zu sein. So werde ich es mit den Affen halten, so gut es möglich ist weiterhin zu Hause bleiben und mich zurückhalten. Ich werde warten, bis unsere großen Bestimmer den Knopf für *Reboot* drücken.

Neu im Angebot: Aerosole

Die Tage schienen tatsächlich ruhiger zu werden und eine Art von Gewohnheit trat ein. – Bis letzte Nacht, die wieder einmal fürchterlich endete; ein Traum verfolgte mich noch stundenlang. Gerne hätte ich ihn zu Papier gebracht, aber leider ist es so: Wenn ich es mir nicht unverzüglich aufschreibe, ist es wieder weg. Es reicht schon, für ein paar Minuten in den Halbschlaf wegzusacken. Allerdings spukten mir verschiedene Punkte nach wie vor im Kopf herum.

Verantwortlich dafür war wieder (wie konnte es anders sein) eine Reportage in den Nachrichten des Vorabends. Dort wurde breitgetreten, Wissenschaftler hätten nach Tausenden von Jahren endlich herausgefunden, dass ein Mensch beim Reden oder Singen Aerosol ausstößt und zum Schutze des Gegenübers ein Spuckschutz unabdingbar ist. – Gut, ich habe in den Kreisen meiner Bekannten einige, die eine sehr feuchte Aussprache haben. Da hält man automatisch Sicherheitsabstand. Aber das ist ja nun nichts Neues.

Um meine große Frage einzuleiten, bedarf es einer kurzen Erläuterung: Wir kaufen unser Obst und Gemüse bevorzugt auf dem Wochenmarkt, also direkt vom Bauern nebenan. Wir achten auf Nachhaltigkeit, unterstützen regionale Betriebe und kaufen nur so viel, wie wir auch verbrauchen.

Natürlich essen wir gerne mal eine Banane, Ananas oder Papaya, allerdings mit dem Bewusstsein, dass es etwas Besonderes ist. Ich fahre einen Diesel, den ich mir dem Werbeversprechen nach als *sauberes Fahrzeug* gutgläubig gekauft habe – hier zählt nun leider nur noch der gute Wille. Wir lieben Urlaub in Europa, am Liebsten dort, wo man mit der Bahn oder dem *umweltfreundlichen* Auto hinkommt und kein Flugzeug in Anspruch nehmen muss. Das bedeutet nicht, dass ich absoluter Gegner von Flugreisen, Fleisch, Alkohol und sonstigen Freuden des Lebens bin, aber, ich versuche, aktiv bewusst zu leben und unsere Ressourcen nicht sinnlos zu verschleudern. Zum Thema Aerosol beschäftigt mich nun die große Frage: *Warum müssen wir Menschen, als kleinstes Individuum mit einer gut ausgebildeten Hirnmasse, andere Leute vor uns selbst schützen, obwohl diese bei Verhandlungen (unter Ausblasung von sehr viel Aerosol) Kreuzfahrtschiffe, Flugzeuge und Umweltverschmutzung durch Schwerindustrie gutheißen, statt deren Reglementierungen zu straffen?* – Wie war das noch mal, mit dem *Ast absägen, auf dem man sitzt?*

Gott sei Dank habe ich einen inneren Zwilling. Diesem vertraue ich inzwischen mehr als unserer Politik, besser gesagt, deren Vertretern. Unter drastischen Einschränkungen gegenüber den allgegenwärtigen Medien habe ich auf meine unzähligen Fragen zwei Antworten gefunden:

Ich bin gesund und bestehe darauf, dementspre-
chend behandelt zu werden, beachtet, würde- und
respektvoll, um dies an meine geschätzten Mit-
menschen weiterzugeben. Verlasse ich mich also
auf mein Bauchgefühl, geht es mir gut.

Höre ich jedoch auf andere Menschen, habe ich
dem Anschein nach krank zu sein, fühle mich
nutzlos und komme mir verlassen vor: Der Alte
hat seine Schuldigkeit getan, er kann gehen. Auf
einen mehr oder weniger kommt es jetzt auch
nicht mehr an.

Schlusswort
(Galgenhumor und gleichzeitig *Mein letzter Wille)*

Wünsche sind Träume, die leider viel zu selten in Erfüllung gehen. Aber sie vermitteln Hoffnung, wovon man nie genug haben kann, und verhelfen einem dazu, stets nach vorne zu sehen. Wer konsequent darauf hinarbeitet, kommt ihnen vielleicht etwas näher und sie erfüllen sich. Auch ich habe einen Wunsch, suche aber keine Mitstreiter, sondern möglichst viele Unterstützer:

Ich wünsche mir in unserer Welt ein klein wenig mehr Toleranz. Sollte das nicht gelingen, wäre mein Vorschlag an die Wissenschaft zur Lösung wirklich aller Probleme dieser Welt:

Bitte konstruiert einen Impfstoff, der weltweit alle Neugeborenen gleichgeschlechtlich in unifarbener Pigmentierung zur Welt bringt, der immun gegen Krankheiten und resistent gegen Dummheit macht.

83

Zeitfracht Medien GmbH
Ferdinand-Jühlke-Straße 7
99095 Erfurt, Deutschland
produktsicherheit@kolibri360.de